有元葉子

うちのおつけもの

文化出版局

有元葉子
うちの
おつけもの

目次

本書で使用している計量カップは200mℓ、 計量スプーンの大さじは15mℓ、小さじは5mℓです。1mℓは1cc。

おつけものに寄せて

子どものころから食卓にいつもあったおつけもの。母の思い出は、家の裏手にあった漬物小屋と重なり合って、料理や家事にいそしむ姿とともに思い出されます。

漬物小屋には野菜を洗う井戸と広い作業台が中央にあり、周囲を取り囲むようにしてたくあん、梅干し、白菜、なす、うり、きゅうり、らっきょう、各種の青菜などの樽がみごとに並んでいたものです。

ぬかみその大きな陶器のかめは台所の隅にいつもあって、母がたすきがけでかめの底まで手を入れていた姿も忘れられません。

夏の初め、きゅうりのぬか漬けが出ると、あ、夏がきた、と思ったのも鮮やかな記憶です。

竹のたがはまった木樽で漬けて、重しは自然石でしたから、傾きやすいたくあんの漬け始めには、夜中にごろんと石が落ちる音がして、母は夜中でも直しに行っていましたっけ。

韓国にいた方から習ったという鶏のスープで漬ける母特製のキムチも、遠くからわざわざ食べに見えるお客さまもあったほど、寒い冬のおいしい特別のおつけものでした。

今は漬物はスーパーで買うものになってしまい、塩と重しと時間が漬けた本当の漬物は遠い夢。買ってきた漬物まがいのものは、食べると気持ちが悪くなります。

塩をして重しさえかけておけば、おいしい漬物になることは子どものころから身にしみついていましたが、狭いアパート暮らしでは悲しいかな、肝心の置き場所がありません。

そこで思いついたのがこの本でご紹介するちょこっと漬けられる漬け方です。冷蔵庫にバットを入れる場所さえあればよく、寒かった昔の気温にするのに今は冷蔵庫を使います。

うちでの塩漬け作りは、塩もみ小松菜から始まりました。少し余った塩もみ小松菜をおいしく保つべく、バットをのせて重し代りにし、４、５日冷蔵庫に入れておいたところ、枯れた塩味になって、いい漬物になっていたのです。野菜は塩をして重しをすればかさが減ります。そのよい例が白菜漬け。まるまるした大きな白菜も、こんなに！と思うほど少しになります。重しをかけて数日後、発酵した酸味もあり、塩味も丸くなった白菜は、味わいも深く、私の好きな玄米にもぴったり。

漬物の味を楽しむとき、日本人でよかったと心から思います。

ぬか漬けはうちの定番、なくてはならないおつけものです。うちのぬか漬けを食べて、おいしい！と言ってもらえるのは何よりうれしい。「ぬかみそ臭い」のは手入れの行き届いていない証拠です。ちゃんとかわいがられているぬか床はよいにおいです。といっても私はしょっちゅう旅の空。そんな私でも今は冷蔵庫のおかげでぬか漬けを楽しめます。冷えていると乳酸菌の働きがにぶくなってひどくはいたみませんから、帰ってきたら毎日２、３回かき混ぜて復活させます。日に日に元気においしくなるぬか床は生きています。すっぱくなった、かびが生えたと言って捨ててしまってはもったいない。きっと元気になるので毎日かき混ぜて新鮮な空気を送ってあげましょう。ぬか床があると生き物を飼っているような気持ちになりますよ。

酢、みそ、酒粕、しょうゆといった日本の誇る発酵食品も、漬物作りに大事なアイテムです。米ぬかやこうじ、それにメープルシロップやハーブも登場し、塩と重しならイタリアのラルド風も、と私の漬物作りは次から次へと発展していきそうです。

うちでは白菜とたくあんは食べ手が多いので大きめの容器で漬けますが、あとはほんの少しだけ漬けることが多いのです。これならできそう、と思えるものから試してみてください。楽しくて、何よりおいしいですよ。

有元葉子

塩漬け

保存袋に入れたおつけものをバットに入れ、
バットを重ねて上に重し(写真はみそケース)をのせて冷蔵庫へ。これが私のおつけものスタイル。

小松菜の塩漬け

塩は小松菜の重さの2〜3%が目安です。小松菜1束（300g）に塩6〜9gです。

野菜の塩もみから発展したおつけものです。塩もみを保存袋で作って冷蔵するうちに、これに重しをすればおつけもの、と気づきました。 保存袋とバットを併用すると均一に重みがかかり、重しを重くするほど保存がきき、強めに塩をすれば10日もたつと本格的な塩漬けを楽しめます。重しと時間によって塩がなれて、塩もみとは違う深い味わいが出てきます。何種類か漬けておくと野菜もたくさん食べられて、重ねておけば重しにもなり、庫内のスペースもバット1枚分あれば充分です。

小松菜の塩漬け

1束漬けても一握りほどになります。塩と重しが醸し出す本物の野沢菜漬けに似た、青菜特有の味わいです。

小松菜の塩漬け

材料（作りやすい分量）

小松菜　1束（300g）
塩　小松菜の重さの2～3％（6～9g）

作り方

1　小松菜はよく水で洗い、根を取って、4～5cm長さに切る。
2　ボウルに1を入れ、塩を加えて全体に塩が回るように手で混ぜ合わせる。
3　保存袋に入れ、バットに入る大きさに整え、平らにして押さえ、空気を抜いてから、ジッパーを閉める。
4　重しに同サイズのバットをのせ、上に何か重いものをのせて冷蔵庫に入れる。
5　食べるときは水気をよく絞って皿に盛る。

切り方により、別の食感を楽しめます。すぐにでも食べられますが、1週間くらい重しを外さないでおくと、おいしい塩漬けになります。

→

↙

●切り方を変えて
小松菜の茎は5㎜ほどの幅に切り、葉にも縦に2つか3つに切込みを入れて細く切り、あとは左ページと同様に漬ける。

塩について大切なこと

●塩漬けに使う塩は、精製塩ではなく、粗塩タイプの自然塩をお使いください。塩によって重さもさまざまですから、レシピは材料に対する塩の量をパーセントで計算し、グラムで表わしました。また塩によって、塩からさや味わいもさまざまですので、いろいろ試して好みの塩で作ってください。
●塩漬けの塩の量は、通常は2～3%ですが、3～3.5%にし、重しを重くして2～3週間おくと、漬物らしいおいしさを楽しめます。重しを外さなければ1か月は大丈夫。
●減塩食にしている場合は塩分は1%にして、早く食べきってください。レモンなどをしぼると食べやすくなります。

きゅうりの塩漬け

1、2本残ったきゅうりは、こうしてちょこちょこっと漬けておけば、翌日にはおいしいおつけものになっています。

きゅうりの塩漬け

材料（作りやすい分量）
きゅうり　1本（100g）
塩　きゅうりの重さの2〜3％（2〜3g）

作り方

1　きゅうりは好みの切り方にし、塩を加えて混ぜる。

2　あとはPAGE 8「小松菜の塩漬け」の作り方3以降と同様にする。保存袋は大小あるので、量によってサイズを変えるとよい。水気をきつく絞って盛りつける。

にんにく、しょうが、みょうがなど好みの香味野菜を、薄切りやせん切りにして一緒に漬けてもおいしい。

きゅうりの切り方はお好みでいろいろ工夫してください。切り方ひとつでさまざまな食感が楽しめます。旬の夏に作りましょう。

蛇腹切り

まな板にきゅうりを置き、２本の割り箸で挟んで１～２㎜間隔に包丁を入れる。反対側からも同様に切って一口大に切る。

乱切り

５㎝長さに切って縦半分切り

５㎜厚さの斜め切り

せん切り野菜の塩漬け

野菜をたくさん食べられる、これが塩漬け野菜の醍醐味です。

せん切り野菜の塩漬け

● 材料(作りやすい分量)
キャベツ　4～5枚
にんじん　1～2本
セロリ　1～2本
塩　野菜の合計の重さ(500g)の2～3％(10～15g)

● 作り方
1　キャベツ、にんじんはせん切りに、セロリは斜め薄切りにする。
2　切った野菜に塩を加えて混ぜ、軽くもんでから保存袋に入れる。
3　漬け方は PAGE 8「小松菜の塩漬け」の作り方 3 以降と同様にする。食べるときはしっかり絞ってから盛りつける。

きゅうり、大根、しそ、うり、白菜、ピーマンなど、野菜の種類や割合はお好みで変えてください。

ちぎり野菜の塩漬け

野菜をもりもり食べたいときには、もってこいのおつけものです。

手でばりばりちぎって塩漬けにすると、せん切りとはまた違って、食べごたえ充分です。

ちぎり野菜の塩漬け

◎材料（作りやすい分量）
キャベツ　4～5枚
セロリの葉　1～2本分
塩　野菜の合計の重さ（500g）の2～3％（10～15g）

◎作り方
1　キャベツ、セロリの葉は食べやすく手でちぎってボウルに入れる。
2　塩を加えて混ぜ、軽くもんでから保存袋に入れる。
3　漬け方はPAGE 8「小松菜の塩漬け」の作り方3以降と同様にする。食べるときはしっかり絞ってから盛りつける。

作り方は、それぞれボウルに入れ、2〜3％の塩を混ぜて軽くもんでから保存袋に入れ、8ページの「小松菜の塩漬け」の作り方3以降と同様に漬けます。

ズッキーニ

ズッキーニ2本を7〜8㎜幅に切る。ズッキーニはふがふがして苦手という方も食べられる。

かぶとかぶの葉

かぶ1束はいちょう切りに、かぶの葉1束分は細かく刻む。

大根と大根葉

大根10㎝をせん切りに、大根葉1本分は細かく刻む。

大根と大根葉の塩漬け
かぶとかぶの葉の塩漬け
ズッキーニの塩漬け

とてもおいしくて栄養の宝庫の大根の葉。捨てずに全部使います。新鮮な葉つきのかぶで、実も葉も同時に食べましょう。水分の多いズッキーニは、塩漬けにすると水分が抜けて味が濃くなり、こりっとして独特の味が出てきます。

なすとみょうがの塩漬け
にがうりと谷中しょうがの塩漬け
サラダからし菜とクレソンの塩漬け

なす紺色のおつけものは、夏の風物詩。
にがうりと谷中しょうがは絶妙のコンビです。
サラダ用のからし菜やクレソンも、塩漬けにすると別趣のおいしさが引き出されます。

サラダからし菜とクレソン

サラダからし菜ひとつかみ、クレソン１束はそれぞれざく切りに、赤ピーマン１個は種を取ってせん切りにする。

にがうりと谷中しょうが

にがうり１本は５～６㎝長さの筒切りにし、細いナイフで種を取ってから５㎜幅の輪切りにする。谷中しょうが５本は薄切りにする。

なすとみょうが

なす２個は５㎜幅の輪切りに、みょうが４個は薄切りにする。

野菜の塩漬けの大皿盛り

ちょっとずつ漬けるのはとても楽。そしてこんなに楽しい一皿に。（作り方は16、17ページ）

青じその塩漬け

青じそがたくさん手に入ったら塩漬けにすると、長く楽しめます。重しを重めにするほど日もちがします。

青じその塩漬け

○材料（作りやすい分量）
青じそ　20～30枚
塩　青じその２～３％
○作り方
1　青じそは、バットかまな板に1枚ずつ広げて塩をふり、上に青じそを重ねて上からも塩をふる。
2　塩をふった青じそを重ね、ラップできっちり包んで平らなプレートにはさみ、重しをかけておく。
○漬けたその日から使用できる。さらにもたせたいときは、塩を３～４％にし、重しも重くすれば３か月でももつ。おにぎりなどに巻いて食べても。

玄米おかゆの塩漬け茶漬け

玄米おかゆの塩漬け茶漬け

おかゆと塩漬けはうちの定番。玄米おかゆに小松菜の塩漬けをのせ、番茶をかけてさらりといただきます。

● 材料（2～3人分）
玄米ご飯　1膳分
小松菜の塩漬け（PAGE 9参照）　適量
番茶　適量
● 作り方
1　玄米ご飯を鍋に入れ、水を玄米ご飯の2～3倍量入れて火にかけ、弱火でやわらかくなるまで煮る。
2　玄米おかゆを茶碗に半分以下入れ、熱い番茶をかけて小松菜の塩漬けを絞ってのせる。

かぶとかぶの葉の塩漬けレモンあえ

かぶとかぶの葉の塩漬けをレモンの香りと酸味でいただきます。

● 材料（2人分）
かぶとかぶの葉の塩漬け（PAGE 16参照）　かぶ3～4個分
レモン（ノーワックス）　½個
● 作り方
1　レモンは皮の黄色いところだけをすりおろす。汁はしぼる。
2　水気を絞った塩漬けにレモンのしぼり汁を加えて混ぜ、皮のすりおろしをのせて、混ぜながらいただく。

かぶとかぶの葉の塩漬けレモンあえ

ズッキーニの塩漬けミント風味

ズッキーニの塩漬けミント風味

塩漬けをオリーブオイルで焼く、漬物とは思えない使い方です。ブルスケッタにのせてもおいしいです。

● 材料（２人分）

ズッキーニの塩漬け（PAGE 16参照）　1本分
ミント、セージ　各適量
オリーブオイル　大さじ1
こしょう　少々

● 作り方

1　フライパンにオリーブオイルを軽く熱し、ズッキーニの塩漬けを水気を絞って加え、軽く炒めてこしょうをふる。

2　皿に盛って、ミントとセージをのせる。

鶏肉の塩漬け野菜あえ

塩漬け野菜をグリルした鶏肉とあえて、手軽にサラダを。

● 材料（２人分）

鶏胸肉　1枚
サラダからし菜とクレソンの塩漬け（PAGE 17参照）　約1カップ
オリーブオイル、レモン汁　各大さじ1
塩、こしょう　各少々

● 作り方

1　鶏肉はごく軽く塩をしてグリルなどで焼き、食べやすく裂く。

2　水気を絞った塩漬けと1に、オリーブオイルとこしょうをふり、レモンをかける。

鶏肉の塩漬け野菜あえ

白菜漬け

塩と重しをしっかりしただけのシンプルな白菜漬けは、市販品には期待できないおいしさがあります。

白菜漬け

添加物を使わないで塩で漬ける自家製が安心です。白菜は丸ごと1個を漬けましょう。

寒くなると葉物がおいしくなります。白菜は白い部分が厚くなり、巻きがしっかりとして重みが出てきたら食べごろです。大きな漬物容器がなければ、ざくざくと切って保存袋に入れる方法（PAGE 6からを参照）でもおいしくできます。きつめの塩をして重しをぐっと重くして長期漬けた古漬け白菜も、独特の発酵味が出て忘れがたい味です。

2〜3日、日光と風に当てて干すと、白菜本来の甘みが出てきます。漬けて1週間後から食べられます。

水が上がってきたら

- 気温が低ければ、重しは半分にしてよい。重しを軽くしたら、早く食べきるように。
- 水が上がったら容器から全部出して、漬け直しをするとなおよい。漬物容器に詰めたとき、最初はどうしてもでこぼこになって重しが均等にかかりにくい。しんなりした白菜をもう一度きちんと入れ直すと重しがかけやすい。このとき、好みでゆずや昆布を入れると、よりおいしくいただける。

白菜漬け

- 材料(作りやすい分量)

白菜　1個(5kg)
塩　干した白菜の重さの4％(200g)
赤とうがらし　5〜6本

- 用意するもの

漬物容器　直径27cm、容量15ℓのほうろう製
重し　10kg以上(白菜の2倍以上)

- 作り方

1　白菜は6〜8等分に包丁を入れて、手で押し広げて少し裂く。
2　白菜の根元のほうを上にして、しんなりするまで2〜3日、日に干す。
3　白菜は切込みにそって手で裂く。
4　容器の底に塩を少しふり、表面が平らになるように白菜の根元と葉先を互い違いにして、塩をふりながらきっちりと詰める。
5　赤とうがらしをのせて中蓋をかぶせ、重しをかける。2日目の夕方から水が上がってくる。漬けて1週間後から食べられる。

漬けてしばらくの浅漬けもおいしいけれど、重しを重くして3～4か月おいた古漬けも、えもいわれないおいしさです。

みそ漬け

いちばん簡単なみそ漬けは、
冷蔵庫に保存してあるおみそ汁用のみそに、ごぼうをただ入れるだけ。

ごぼうは直接みそ容器に入れてしまいます。にんにくやエシャロットなど小さいものは、みそがからむ程度にあえて、ガラス瓶に入れます。細長いもの、大きめのものはバットで漬けましょう。ガーゼの間に野菜を入れておけば、取り出すときにみそがつかず、きれいに仕上がります。

ごぼうのみそ漬け

お酒もご飯もすすむ、手軽なみそ漬けです。

丸ごと、たたく、細切り

→

みそ容器の大きさに合わせて切るとよい

→

たまに忘れていた野菜が出てくることも

ごぼうのみそ漬け

切り方はお好みで。漬けた翌日から食べられる。みそを使いきるまで入れておいた、よく漬かったごぼうもおいしい。おまけに、みそにごぼうの香りが移り、みそ汁もおいしくなる。水気の少ない野菜だからできる漬け方。

いろいろな野菜のみそ漬け

少し甘みが欲しいとき、メープルシロップまたはみりんやはちみつを加えて、みその塩からさをやわらげます。

いろいろな野菜のみそ漬け

材料（バット1回分）

きゅうり　1本（縦半分に切って、スプーンで種をかき取る）
にんじん　1本（皮ごと、縦半分に切る）
大根　3cm（皮をむいて1cm幅に切る）
万願寺とうがらし　5～6本（丸ごと）
しょうが　1～2かけ（皮をむいて、半分に切る）
しその実　ひとつかみ（ネットに入れるか、ガーゼに包む）
みそ　1 ½～2カップ
塩　材料の重さの1～1.5%

→

→

←

→

→

作り方

1　きゅうり、にんじん、大根、万願寺とうがらしは塩をして1時間ほどおいて水気を出し、水気をよく拭き取る。

2　しその実は塩で軽くもんでから流水でよく洗い、あくを取る。

3　みその半量をバットなどに広げてガーゼを敷き、1、2としょうがを並べる。上にガーゼをかぶせて残りのみそをのせ、ラップをかけて、しっかり密着するように押さえて蓋をし、一晩冷蔵庫に入れる。

野菜を漬けたあとは、魚や肉を漬けてもいい。最後はみそ炒めなどに使っても。

塩分を控えたいときは、日に干してから漬けても。塩漬け同様、私はいつもバットで漬けています。

にんにくのみそ漬け　青とうがらしのみそ漬け

小さな瓶に一瓶漬ければ長い間楽しめます。

にんにくのみそ漬け

● 材料(作りやすい分量)
にんにく　2玉
みそ　½カップ

● 作り方
にんにくは薄皮をむき、みそを混ぜてガラス瓶に入れ、冷蔵庫へ。3〜4日後から食べられ、なくなるまで長い間食べられる。

青とうがらしのみそ漬け

● にんにくのみそ漬けと同様に、青とうがらし適量を丸のまま、大きければ斜め半分に切り、みそであえて瓶に入れる。保存期間などもにんにくと同様。

豚肉のソテーみそ漬け添え

豚肉は何も味をつけずに焼いて、好みにみそをつけていただきます。特徴あるみそが豚の味わいを引き立てます。キャベツやレタスで巻いてもおいしい。

材料（2〜3人分）
豚肉（肩ロースなど好みの部位）　300g
にんにくのみそ漬け　2〜3かけ
青とうがらしのみそ漬け　3〜4本
キャベツ　2〜3枚
オリーブオイル　適量

作り方
1　みそ漬けの瓶からにんにくを取り出し、漬けてあるみそを大さじ1ほど加えて一緒に細かくたたく。青とうがらしも同様にする。
2　熱しておいたフライパンにオイルを入れ、豚肉を両面こんがり焼く。
3　豚肉とちぎったキャベツをそれぞれ皿に盛り、1のみそを添える。

しょうゆ漬け

重しは必要なく、しょうゆを注ぐだけ。
ガラス瓶でちょっとだけ漬けられるのも魅力です。

私の十八番、干し野菜は、しょうゆ漬けに向いています。ここでは大根やにんじんのしょうゆ漬けをご紹介しますが、ほかに半干しのセロリ、きゅうり、うりやにがうり、かぶなど、いろいろな野菜で楽しめます。干すことで水分が減り、いたみにくくなると同時に早く漬かります。にんにくや新ごぼうは水分が少ないので、干さずにそのままで。

半干しにんじんのしょうゆ漬け

かりかりとした歯ごたえが楽しめます。残り物のにんじんがとてもおいしいおつけものに。

半干しにんじんのしょうゆ漬け

● 材料(作りやすい分量)

にんじん　2本

昆布　5㎝

しょうゆ、酒　各適量

● 作り方

1　にんじんは5㎝長さ、5㎜厚さの短冊に切り、ざるにのせて風通しのよい所で1日ほど干す。昆布は5㎜幅にはさみで切る。

2　ガラス瓶に1を入れ、しょうゆと酒を2対1の割合で瓶の半分より少し上まで注ぎ、しっかり蓋をして上下に振る。

3　冷蔵庫に入れて時々上下に振る。あるいは時々逆さにしておく。2～3日後から味がしみておいしく食べられる。

半干し大根のしょうゆ漬け

大根は皮ごと切って干します。しょうがの皮も捨てずにとっておいて、一緒に漬けます。するめがいい味を出しています。

→

↙

→

半干し大根のしょうゆ漬け

材料(作りやすい分量)

大根　5㎝
するめ　¼枚
しょうがの皮　適量
しょうゆ、酒　各適量

作り方

1　大根は皮ごと5㎜厚さの短冊に切り、風通しのよい所で1～2日干す。しょうがの皮はむいたものを捨てずにとっておき、乾かしておく。

2　するめは3㎝長さ、5㎜幅にはさみで切る。

3　ガラス瓶に大根、するめ、しょうがを入れ、しょうゆと酒を2対1の割合でガラス瓶の半分より上まで注ぎ、しっかり蓋をして上下に振る。

4　冷蔵庫に入れて時々上下に振る。あるいは時々逆さにしておく。2～3日後からおいしく食べられる。

半干し大根のしょうゆ漬けを酒の肴に

しょうゆ漬けは小瓶にちょこちょこ漬けるのが楽しいし、ちょこっと残ったものや、いつもは捨てるようなところがおいしい漬物になるのです。今日からでもできますね。酒の肴にもぴったり、もちろんご飯のともにも。

粕漬け

うちの粕漬けは甘くない。

うりやきゅうりがぺたんこになるくらい重しをかけて充分塩漬けにし、とろとろのまだお酒がしぼれそうな酒粕に漬けます。３か月くらいたつとおいしくなります。少しだけ漬けるならバットや保存容器を使えば、冷蔵庫で保存できるので、スペースも手間も楽です。意外ですが、グリーントマトの粕漬けもおいしいもので、病みつきになりました。

うりときゅうりの粕漬け

うりのおいしさを再発見できる粕漬けです。うりが平らになるまで塩漬けにするのが決め手。

うりときゅうりの粕漬け

材料(作りやすい分量)

白うり　2本(400g)
きゅうり　4〜5本(400g)
塩　野菜の合計の重さの3%(24g)
酒粕(やわらかいもの)　3〜4カップ

作り方

1　白うりは縦半分に切り、種をスプーンでかき取る。

2　うりときゅうりにそれぞれ分量の塩をふって保存袋に入れ、塩漬け(PAGE 6〜8参照)と同様にして漬ける。重しはできるだけ重くし、ぺちゃんこになるまで1週間ほど漬ける。水気を拭き取る。

酒粕のよしあしが味を決めるので、おいしい酒粕でじっくりと漬けます。

3　酒粕を容器に半量敷き、水気を拭いたうりときゅうりを並べ、残りの酒粕を平らに広げる。冷蔵庫で保存し、3か月後からおいしくいただける。

● やわらかい酒粕が入手できないときは、板状の酒粕と日本酒をフードプロセッサーにかけてとろとろにして使う。

即席粕漬けもできます

なすやきゅうり、うり、谷中しょうがの即席粕漬けは、わが家の夏のごちそうです。大ぶりに切った野菜に塩をして1時間ほどおき、水気を拭いて、大鉢に入れたとろとろの酒粕に放り込むようにどんどん入れて1時間ほどしたらいただきます。上等な酒粕さえあれば極上の美味を楽しめます。酒粕はなじみの酒屋さんに頼んでおきます。

べっこう色に仕上がった粕漬けは、熟成したまろやかな味と香りが絶品です。

甘酢漬け

一年中、わが家で欠かせないのが新しょうがの甘酢漬け、いわゆる「がり」です。

初夏に出回る新しょうがで作ります。上質な米酢と甘みを使えば、ぐっとおいしくなります。おすしや魚の照焼きや塩焼きに、またシンプルに焼いた肉にもなくてはならないものです。

新しょうがの甘酢漬け

甘酢からしょうがが出ない状態にして冷蔵庫で保存します。

新しょうがの甘酢漬け（がり）

材料（作りやすい分量）

新しょうが　大ひとかたまり

A塩　小さじ1½

　米酢　1カップ

　メープルシロップ（エキストラライト）

　　⅓〜½カップ（または砂糖⅓カップ）

作り方

1　スライサーまたは包丁で新しょうがを薄く切り、水にさらす。

2　Aをよく混ぜ合わせておく（砂糖を使う場合は軽く煮溶かす）。

3　鍋に湯をたっぷり沸かし、しょうがを何回かに分けて約10秒ずつ湯にくぐらせ、熱いうちに2の甘酢に漬ける。

4　冷めたらガラス瓶に入れる。

新玉ねぎと鳴門わかめとがりのあえ物

さっぱり、すっきり、おいしいあえ物です。
これをたっぷり食べたら、体の中がきれいになります。

材料（２人分）

新玉ねぎ　1個
鳴門わかめ　もどして60g
新しょうがの甘酢漬け　約½カップ
削りがつお　適量

作り方

1　新玉ねぎはごく薄切りにし、氷水に５～６分つけてぱりっとさせて、水気をよくきる。
2　わかめは水で７～８分もどし、食べやすく切って、水気を絞る。
3　器にわかめ、玉ねぎ、新しょうがの甘酢漬けを盛りつけ、削りがつおを飾る。新しょうがの漬け汁を回しかけ、混ぜていただく。

小鯛とがりの混ぜずし

がりは作りおき、小鯛の笹漬けは買いおきできるもの。食べたいときに作れます。

材料(３～４人分)

小鯛の笹漬け　1樽(200g)
新しょうがの甘酢漬け　¾カップ
実山椒のつくだ煮　大さじ３
米　２カップ
酒　大さじ２
A米酢　大さじ４
メープルシロップ(エキストラライト)
大さじ２(または砂糖大さじ1⅓)
塩　小さじ½

作り方

1　米に酒を加え、すし飯用の水加減で炊く。

2　小鯛は1枚を２～３枚にそぎ切りにする。新しょうがは汁気を少し絞り、細切りにする。

3　ご飯が炊けたら盤台などに広げる。Aを合わせたものを回しかけ、切るようにして混ぜてうちわであおいで冷まし、すし飯を作る。

4　すし飯に２と実山椒を切るように混ぜて、器に盛りつける。

ピクルス

漬け酢を洋風にしたのがピクルス。

庭のパセリ、フェンネルの花やローリエを加えて、上質の酢と甘みでピクルス液を作ります。野菜は何でもよいのですが、かたいものはさっとゆでてから漬けます。冷蔵庫で保存し、2日後から食べられ、2～3週間保存できます。

カラフル野菜のピクルス

市販品では味わえないわが家だけのピクルスを、旬の野菜で季節を楽しみながら作っています。

↓

↓

カラフル野菜のピクルス

材料（作りやすい分量）

赤玉ねぎ　小1個
日本かぼちゃ　小¼個
ピーマン（赤、黄）　各½個
蓮根　小1節
カリフラワー　¼個
セロリ　1本
Aメープルビネガー（または米酢）　2カップ
メープルシロップ（エキストラライト）
¼〜½カップ（または砂糖¼〜⅓カップ）
赤とうがらし　5〜6本
にんにく　3かけ
フェンネルの花（または種。あれば）
2〜3本
塩　大さじ1⅓
粒こしょう　小さじ2

作り方

1　赤玉ねぎは横に7〜8㎜幅に、かぼちゃは薄切りにする。ピーマンは種を取って食べやすく切る。蓮根は皮をむいて薄い輪切りにし、酢水につける。カリフラワーは薄切りに、セロリは食べやすく切る。

2　Aを合わせてピクルス液を作る。

3　鍋に湯を沸かしてカリフラワー、蓮根、かぼちゃをさっと湯通しして熱いうちにピクルス液に漬ける。

4　生の野菜もすべてピクルス液に加えて混ぜ合わせ、ガラスかほうろうの容器に移す。

●ピクルス液が野菜にかぶらなければ同割で作り足し、野菜にかぶるまで注ぐ。頭が出ないように注意する。

ミニトマトのピクルス

甘ずっぱく、小さいトマトの魅力を最大限に生かしたピクルスです。

→

→

←

ミニトマトのピクルス

◎材料(作りやすい分量)
ミニトマト(赤、黄)　各1パック
メープルビネガー(甘いタイプ)　⅔カップ
塩　小さじ½

◎作り方
1　鍋に熱湯を沸かす。トマトはへたを取り、さっと湯通しして皮をむく。
2　皮をむいたトマトをボウルに入れ、ビネガーを注いで塩を加えて混ぜる。冷蔵庫でよく冷やす。すぐにでも食べられる。

◎メープルビネガーの代りに、ワインビネガーやフルーツビネガーを使っても。
◎甘くしたいときは、砂糖やはちみつ、メープルシロップを適量加える。

ビーツのピクルス

深紅の色がすばらしいビーツ。酢に漬けるとますます色が美しくなります。酢は甘め、すっぱめ、どちらでもお好みで。

ビーツのピクルス

材料（作りやすい分量）
ビーツ　3〜4個
ワインビネガー、メープルシロップ　各適量
塩　小さじ1

作り方
1　ビーツは水から皮ごと竹串が刺さるまでゆでる。大きさにもよるが1〜2時間かかる。皮をむいて厚めのいちょう切りにする。
2　ゆでたビーツに温かいうちにワインビネガーとメープルシロップを回しかけ、冷蔵庫で保存する。翌日からおいしくいただける。

メープルビネガーを使うと、甘みを加えなくても、それだけでおいしいピクルスができる。1か月以上冷蔵庫で保存できる。サラダに加えたり、肉料理にもよく合う。

「ぬか漬け」

子どものころから食卓にいつもあったぬか漬け。
おいしく作るこつは「とにかくかき混ぜる」に尽きます。

ぬか漬けは、何十年も続いている、わが家の味そのものです。酸味のよくきいた発酵食品ならではの味わいは、手作りならでは。留守がちでも、あとで手当てをしてあげれば大丈夫。試行錯誤の末、手当ても自分のものになりました。

ぬか床

新米のひきたてのぬかを使うときは、水の量を減らします。

ぬか床

● 材料(作りやすい分量)

ぬか(できるだけ新鮮なもの)　1.5kg
塩　350g　　　水　1.5～2ℓ
大豆　300g
赤とうがらし　7～8本
しょうが(2～3等分にする)　大1かけ
にんにく　5～6かけ
粉がらし　1缶(30g)
昆布　10cm

● 作り方

1　鍋に水を煮立て、塩を溶かして冷ます。
2　直径30cmほどの大きめのボウルにぬかを入れ、1の塩水を少しずつ加えて混ぜる。
3　残りの材料をすべて入れ、よくかき混ぜて容器に入れる。はじめはややかためでいい。
4　捨て漬けといって、キャベツの外葉や芯、大根葉などを漬けて、1日1～2回かき混ぜる。10日間ほど続けると徐々に塩がなれ、ぬか床として使えるようになる。

木の芽、青梅や塩鮭などをお好みで加えてください。とにかく毎日かき混ぜることが味をよくする決め手です。

ぬか床をおいしくするために、途中で加えるもの

最初に入れた昆布、しょうが、にんにく、大豆、粉がらし、赤とうがらしなどは、３～４か月ごとに加えます。春先から初夏には、山椒の実や葉、青梅を加え、青梅は半年ほどたったら取り出します。

縦二つに切った塩鮭の頭をこんがり焼いて加えると、さらにおいしくなります。毎日かき混ぜるうちに鮭の頭は２～３週間で姿が消えてなくなってしまいます。

こうして手を入れたぬか床は、どこにも売っていない大切な宝物です。

ぬか漬けにする野菜いろいろ

ぬか漬けはきゅうりやなすなどの夏野菜ばかりでなく、一年中の野菜を漬けてみてください。漬ける前に軽く塩でもむと早くおいしく漬けられます。干し野菜を漬けても、一味違うおいしさです。水が出てきたら水抜きをし、ぬかや塩も加減して加え、毎日大切にかき混ぜていれば、必ずおいしくなるものです。容器も清潔に保ちましょう。

きゅうり

てのひらに塩を適量とり、きゅうりの表面をこすってから漬ける。

大根

大根は５～６㎝長さに切り、太いものは半分か４等分して、てのひらに塩を適量とり、こすってから漬ける。皮はむかないほうがぱりっとしておいしい。

なす

てのひらに塩を適量とり、なすの表面をまんべんなくこすってから漬ける。大きいものや早く漬けたい場合は、なすの先のほうから⅔ほどまで包丁を入れておくとよい。切るときはしっかり絞ってから。

かぶの実と茎

実は茎を少し残して切り、実と茎を分けると漬けやすい。実はてのひらに塩を適量とり、表面をこすってから漬ける。大きいものは縦半分に切ってもよい。皮はむかないほうがぱりぱりとしておいしい。茎は長さを２～３等分して、塩でこすってから漬ける。日に干してしんなりさせてから漬けてもよい。

大根の葉

少し干してしんなりさせると漬けやすい。長さを漬けやすく２～３等分し、塩を全体にこすってから漬ける。

山芋

山芋は漬かりやすいように細めを選び、よく洗って皮ごと漬ける。塩でこするとぬめりが出るので、塩でこすらないほうがよい。

キャベツ

外葉の大きいところは容器に入りやすい大きさに切るか、くるりと巻いて漬ける。芯に近い部分などかたまりのまま漬ける場合は、外側から漬かった部分をはがして順次いただく。

谷中しょうが

汚れをきれいに取り、茎を少し残して漬ける。茎の緑が彩りもきれいだし、まぎれることもないので。小さいので塩はしなくてよい。

みょうが

そのまま軽く塩でこすって漬ける。

ラディッシュ

茎をつけたまま漬ける。小さいので塩はしなくてよい。

ぬか漬け

容器の底まで手を入れて上下をよく混ぜ、空気を送ってあげると、ぬか床は元気になるのです。なにしろ生き物と同じですから。

温かいご飯においしいぬか漬け、身も心もほっとする日本の味です。野菜の切れ端も立派なおつけものになりますよ。

ぬか漬けの盛合せ

おいしいぬか漬けはなによりのごちそうです。新鮮なものはもちろん、古漬けも味わいが深くて捨てがたいです。

ありあわせの野菜をいろいろ漬けて楽しみましょう。手を入れておいしくなったぬか床は、わが家の宝物です。

下から空気を入れるように、大きく上下を返してかき混ぜます。

↓

ぬか床の手入れ

毎日の手入れ

大根のしっぽやキャベツの残り、きゅうり、にんじんなどを毎日漬けて、その都度、下から空気を入れるように、大きく上下を返してかき混ぜる。上っ面だけ混ぜてもおいしくならない。また、ぬか床は容器のまわりもペーパータオルで拭くなどして、常に清潔に保つようにする。

水っぽくなってきたら

ある程度漬けていると、野菜から出る水分でどうしてもぬか床が水っぽくなってくる。こうなったら、ぬか床の中央に穴をあけてしばらくおくと水がたまってくるので、お玉などですくい取り、塩とぬかを適宜足してよくかき混ぜておく。ぬかは入れすぎるとおいしくなるのに時間がかかるので、入れすぎないようにする。

数日かき混ぜられないとき

留守をして数日かき混ぜられないときは、ぬか床に塩とぬかを適量足してよく混ぜ、少しかためにして冷蔵庫に入れておく。元に戻すには、捨て漬けのときのように、数日いろいろなものを漬けてかき混ぜることを続けると生き返る。

かびが出たら

ぬか床は生き物。かびが出たらかびだけ取って手入れを怠らなければ、またおいしくなってくる。気温が高ければ早く発酵し、低ければ発酵は遅くなるので、時間と温度を調節すれば、いつもおいしいぬか漬けが食べられる。みょうばんなどを使わなくても、なすの色が美しく出るぬか床は、いきいきしたよいぬか床の証拠。

古漬けのお茶漬け

ときどきぬか床から、出し忘れてしまった野菜が出てくることがあります。そんなときは、細かく刻んでお茶漬けにすると、すばらしくおいしい。もちろんわざと古漬けにしても。古漬けのかくやも格別です。

らっきょう漬け

らっきょうは、うちではほんの少しだけ漬けます。

少しなので10分もあれば下漬けは完了。おかずを作る片手間です。泥つきらっきょうの山にうんざりすることもなく、ちょこちょこ漬けです。ちょっとあるとしばらく楽しめるので、うちはこれで充分。

らっきょうの塩酢漬け

何でも大量に漬けなくてはと思わずに、ほんの少しずついろいろ漬けて楽しむのもおすすめです。

らっきょうの塩酢漬け（下漬け）

● 材料（作りやすい分量）

生らっきょう　600g

塩　50g

水　2カップ

米酢　1カップ

● 作り方

1　らっきょうはひげ根をつけたまま1粒ずつに分け、水洗いして泥を落とし、ざるに上げて水気をきる。

2　ボウルに水気をきったらっきょうを入れ、塩を加えて混ぜ、酢と水を加える。

3　保存袋に入れて冷蔵庫で保存する。

● 10日目くらいから食べられる。塩らっきょうとして食べるときは、食べる量だけ出し、薄い塩水に5～6時間から半日つけ、好みの塩加減になるまで塩抜きする。ひげ根と頭をきれいに切り落としていただく。

らっきょうのしょうゆ漬け
らっきょうの甘酢漬け

らっきょうをしょうゆに漬けるのも好きです。

塩酢漬けにしたらっきょうは、もう一手間かけて甘酢に漬けると、より本格的ならっきょう漬けになります。

→

→

らっきょうの甘酢漬け

● 材料（作りやすい分量）
らっきょうの塩酢漬け（PAGE 59参照）　200g
A 米酢　¾カップ
　水　大さじ3
　メープルシロップ（エキストラライト）
　　¼〜⅓カップ強
　　（または砂糖大さじ4〜5）
赤とうがらし　2本

● 作り方
1　らっきょうの塩酢漬けを塩抜きし、根と頭を切り落とす（PAGE 59参照）。水気を拭き取って赤とうがらしとともに瓶に入れる。
2　鍋にAを合わせて1に注ぎ、冷蔵庫で保存する。3週間ほどたつとおいしくなる。

らっきょうのしょうゆ漬け

● 材料（作りやすい分量）
らっきょう　250g
しょうゆ　½カップ

● 作り方
1　らっきょうのひげ根と頭を切り落とし、よく洗う。水気を拭き取って瓶に入れる。
2　しょうゆを1に半分より上まで注ぎ、蓋をして冷蔵庫で保存する。時々上下を返す。3日目くらいから食べられる。

● そのまま酒の肴に、また刻んで炒め物やチャーハンに使ってもおいしい。

豚肉とらっきょう漬け

らっきょうはピクルス感覚で、肉や魚に添えて。豚肉とは特に相性がいいんです。

作り方

豚肉に塩と粒こしょうをふり、両面をこんがりと焼く。好みのらっきょう漬けを添えていただく。

らっきょう漬けを酒の肴に

辛口のさらりとした日本酒に、らっきょう漬けはよく合います。

青梅のシロップ漬け

メープルでしか出せない軽い甘さが好きです。

もう数十年も前のある夏の日、お友達の家をふらりと訪ねたとき、青梅のはちみつ漬けを氷水で割ったものを出していただきました。そのすがすがしさにひかれて以来、私も漬けるようになりました。新鮮な、なるべくかたい梅をポンッと割って漬けます。湿気と暑さにうだる日本の夏だからこそ、清涼感が身にしみます。メープルシロップとはちみつ、お好みで漬けてください。

青梅のメープルシロップ漬け

10日ほどすると、梅のエキスも出ているので、炭酸水や氷水で好みに割っていただくとおいしい。

青梅のメープルシロップ漬け

◯材料(作りやすい分量)
青梅(できるだけ若いかたいもの)　700g
メープルシロップ(エキストラライト)　700mℓ
メープルシュガー　大さじ5

◯作り方

1　青梅はよく洗って水気を拭き取り、へたを竹串などで取り除く。

2　まな板の上に梅を置き、厚めのまな板で、たたき割る。種は取り除いても、除かなくてもお好みで。

3　たたいた梅をガラス瓶に入れてメープルシロップとシュガーを加え、上下によく振る。冷蔵庫に入れて保存し、時々振ってシュガーを溶かす。

青梅のはちみつ漬け

甘さの感じがメープルとはまた違って、両方作って飲み比べても楽しい。

青梅のはちみつ漬け

材料（作りやすい分量）

青梅　700g

はちみつ　800mℓ

作り方

「青梅のメープルシロップ漬け」（PAGE 63参照）のメープルシロップとメープルシュガーの代りにはちみつを使い、あとは同様に作る。飲み方も同様。

梅サワー

青梅のメープルシロップ漬け、またははちみつ漬けを炭酸水適量で割って氷を浮かべます。一口飲むと、体の中をさわやかさが通り抜けるようです。

お茶請けに

漬かった梅は、エキスが出たあともかりかりして、ほんのり甘くおいしいです。ほうじ茶でよくいただきます。

梅酢漬け

しば漬けも簡単に手作りができて、市販品にはない新鮮な風味を楽しめます。

赤じそを入れた梅干しを漬けると（PAGE 72参照）、赤梅酢がたくさんとれます。赤梅酢はガラス瓶に入れて冷暗所で数年保存でき、時を経たものはこなれた味になって重宝します。新しょうがやみょうがはそのまま入れるだけ。大根やかぶなどの冬野菜もごろっと切ったり、薄切りにして梅酢をかけるだけでおいしくいただけます。

みょうがの赤梅酢漬け　谷中しょうがの赤梅酢漬け

赤梅酢のおかげで、すばらしい色に仕上がります。

みょうがの赤梅酢漬け

● 作り方

みょうが適量は熱湯にさっとくぐらせて水気を拭き取り、ガラス瓶に入れて赤梅酢をかぶるまで加える。色が真っ赤に染まったら食べごろ。冷蔵庫で１年は保存できる。

谷中しょうがの赤梅酢漬け

● 作り方

谷中しょうがも同様にして作る。新しょうがでもおいしくできる。

● みょうが、谷中しょうがとも、もしもかびが出てしまったら、中身を取り出し、梅酢液からかびを取り除き、火を入れて冷ましてから、中身を戻せばよい。

わが家のしば漬け

わが家では手作りならではの材料を使います。新漬けもフレッシュでおいしく、重しをきかせて長くおいたものもおいしい。

わが家のしば漬け

[下漬け]
最初に塩漬けをして、余分な水分を抜きます。

● 材料(作りやすい分量)
日本かぼちゃ、なす、きゅうり、みょうが、谷中しょうが、万願寺とうがらしなど　合計1kg
塩　野菜の合計の重さの2～3%(20～30g)

● 作り方
1　かぼちゃは5㎜幅の薄切りに、なす、きゅうりは5㎜幅の斜め切りにする。みょうが、万願寺とうがらしは縦半分に切る。谷中しょうがは茎を落とし、大きければ縦半分に切る。
2　野菜をすべてボウルに入れ、分量の塩を入れてよく混ぜる。
3　バットのサイズに合わせて保存袋に詰め、空気を抜いて口を閉じる。
4　上に同サイズのバットを重ね、重しが2.5kg以上になるようにして、2～3日冷蔵庫で下漬けをする。

[本漬け]
下漬けをした野菜を赤梅酢などに漬けます。

● 材料
下漬けをした野菜　全量
赤梅酢　$\frac{2}{3}$カップ
みりん　大さじ3
赤じそ(梅干しと一緒に漬けたものがあれば)　ひとつかみ

● 作り方
1　下漬けをした野菜の水気をしっかり絞ってボウルに入れ、赤じそ、赤梅酢、みりんを加えてよく混ぜる。
2　保存袋に入れて空気を抜いて口を閉じ、2kgほどの重しをかけて冷蔵庫で保存する。

即席で1～2日後から食べられますが、重しをしたまま冷蔵庫で1か月ほど保存すると、より本格的なしば漬けとなります。

焼き魚に赤梅酢漬けを添えて

彩りも味もぴたりの塩焼きと赤梅酢漬け。照焼きにも同じように使います。赤梅酢漬けは塩気も強いので、魚はごく軽いふり塩をして焼き、一緒にいただくとちょうどよい。

薄切り大根の赤梅酢がけ

旬のみずみずしい大根を選び、皮をむいてごくごく薄く切り、器に盛って赤梅酢を少量かけます。次第にしんなりしてきますが、ぱりぱりでもしんなりでもどちらもおいしい。

梅干し

梅干し作りは、若い人にも広がっています。

私の義理の姉は、梅博士と言われるほどの梅干し作りの達人。大昔に、私の母を先頭に、所沢の農家さんへ家族そろって押しかけ、梅もぎをして漬けました。それが義姉の最初の梅干し体験だったそうです。今は姪たちやそのお友達にまで梅干しの輪が広がって、若い人たちが嬉々として毎年梅干し作りに取り組む姿はほほえましく、美しいです。

今回は義姉から引き継いでいる、姪の梅干し作りをご紹介しましょう。

下漬け

梅干し作りは、まず梅を塩で下漬けします。南高梅など皮が薄く、果肉が多く、種の小さいものが梅干しに向きます。

梅干し［下漬け］

● 材料

南高梅　5kg

塩(自然塩)　梅の18%(900g)

● 用意するもの

かめ　容量9ℓ(口径28×高さ25.5㎝)

重し　8～10kg

中蓋　かめの口径に合う皿で代用

ガーゼ　かめの口径よりも少し大きめの、清潔なもの

● 道具は熱湯消毒し、焼酎(35度)を霧吹きでかけておく。

● 作り方［下漬け］

1　梅を買い求める。黄熟していない場合、箱に入っているものはそのまま、袋入りのものはざるなどに広げ、よい香りが出てくるまで追熟させる。

2　梅が熟したら、たっぷりの水でよく洗う。

3　ざるに上げて水気をしっかりきり、竹串でへたを取る。

ミネラルの多い自然塩で塩漬けにします。重しをして水が上がってきたら下漬け完了。重しを半分にして、赤じそが出回るまで待ちます。

4　かめの底に塩をふり、梅を平らに並べ、再度塩をふる。
5　それを繰り返し、上にいくにしたがって塩を多くふる。最後は塩で梅が隠れるぐらいにする。
6　ガーゼで表面をおおい、皿などで中蓋をする。梅が空気に触れるとかびの原因になるので、梅が顔を出さないよう、きちんとおおう。
7　重しをのせ、水(白梅酢)が上がるのを待つ。ほこりなどが入らないように、紙などでおおいをする。
8　2～3日して水が上がったら、重しを半分にし、おおいをして、赤じそが出回るのを待つ。

本漬け

赤じそが出回ってきたら、いよいよ本漬けです。赤じそは良質とされる、表面が縮れたちりめんじそを使っています。

梅干し ［本漬け］

● 材料
下漬けが完了した梅　5kg分
赤じそ（ちりめん）　1.5〜2kg
（正味約1kg）
塩　200g
焼酎、ざらめ糖　各適量

● 用意するもの
中蓋　かめの口径に合う皿で代用
ガーゼ　かめの口径よりも少し大きめの、清潔なもの

● 道具は熱湯消毒し、焼酎を霧吹きでかけておく。

● 作り方［本漬け］

1　赤じそは1枚ずつ軸を取り除く。

● しその葉から軸を取るのは手間ですが、これも欠かせない作業です。

2　たっぷりの水できれいに洗い、水分をしっかりきる。

3　しそは2回あく抜きをする。塩を量り、半分に分けておく。

4　ボウルにしそを入れ、塩の半量をまぶし、しんなりしてきたらやさしくもんでいく。しばらくもんでいると濃い紫色のあくが出てくるので、しっかり絞る。

● しそは量が多いので、一度にできない場合は、何度かに分けて行なう。この場合、分量の塩をすべてのしそにうまく行き渡るように配分する。

上がってきた水は白梅酢。取り分けて大切に使います。

→

↙

→

→

←

→

→

5　絞ったしそに残りの塩をふりかけ、再度もむ。1回目よりもきれいな色のあくが出てくるが、これも絞る。

6　かめの中の水（白梅酢）を梅がかぶるくらい残して、別の容器に取り分ける。（この白梅酢はいろいろ利用できる。PAGE 79参照）

7　よく絞ったしそをほぐしながら、梅の表面をおおうようにかめに入れる。全体がきれいな紅色に発色していくので、赤くなった汁が底までいくようにかめを揺する。

8　表面をガーゼでおおってから皿などで中蓋をし、しそが汁から出ないようにする。

● ほこりが入らないように紙などでおおって、梅雨明けを待つ。

土用干し

このごろは気候も不順で迷うことも多いのですが、梅雨が明け、盛夏を迎えたら、土用干しを始めます。

作り方［土用干し］

1　晴天が４日くらい続くときを見計らって、梅としそをかめから取り出す。梅はざるに広げてよく日の当たる場所に干す。しそは汁気を絞って、容器に取り分けておく。かめは、梅酢が入ったまま、日に当てる。

2　梅は、表面が乾いたら、１粒ずつひっくり返す。夕方、かめの中の梅酢がまだ温かいうちに梅をかめに戻す。

3　翌日もかめから梅を出して、同様に干してかめに戻す。果肉がやわらかくなり、梅の色が均一になればよい（梅の状態を見て、さらにもう１日この作業を繰り返す場合もある）。

理想的には4日連続しての晴天を確保したいのですが、天気が続かないことも多く、中休みをしてまた干したりしています。

4　３日目は昼間干したあと、梅をかめに戻さずにそのまま外に出した状態で夜露にあてる。

◎夜露にあてた梅は、表面に小さな塩の粒がつき、表皮もやわらかく、よい香りがしてくる。

5　４日目は朝から、容器に取り分けておいたしそをざるに広げ、少し乾いたくらいまで干す。かめの中の赤梅酢は別の容器に保存する。かめをきれいに洗い、日に当てて乾かす。

6　日の照っているうちに、干した梅をすべてかめに戻す。かめの底に焼酎を霧吹きで吹きつける。梅を並べ、ざらめ糖をひとつまみぱらっとまき、焼酎を吹きつける。これを繰り返し、全部の梅をかめに戻す。

7　干したしそを梅の表面をおおうように敷きつめ、表面に焼酎を霧吹きでかける。赤じそのふりかけを作る場合は一部とりおく。

8　かめの内側をきれいにし、ほこりが入らないように紙などでおおって、１年以上冷暗所で保存する。

◎１年以上おくことにより、塩気がとれ、果肉もやわらかく、味もまろやかになっていく。毎年漬けることにより繰り回していける。２～３年たつと梅は塩がなれ、本当にまろやかにおいしくなる。

白梅酢の利用法

［殺菌、腐敗防止に］

- 夏場、お弁当のご飯を炊くとき、米１合に小さじ１の白梅酢を加えて炊く。香りやつやも出ておいしい。
- お弁当作りの仕上げにさっと霧吹きで吹きつける。
- おにぎりを作るとき、手に霧吹きで吹きつけてからにぎる。

［臭み取りに］

- 青魚を焼くとき、下処理したあと白梅酢をかけて５分くらいおいてから焼く。
- レバー料理のとき、レバーを洗ったあと白梅酢に５分つけてから調理する。

赤梅酢の利用法

- 即席紅しょうが　しょうがをせん切りにして軽く塩をしてしんなりさせ、赤梅酢に漬けて軽い重しをする。２〜３日したら漬け汁を捨て、新しい梅酢に漬け替える。

- 白梅酢、赤梅酢とも保存は冷暗所で。冷蔵庫で保存すると変色しにくい。

赤じそのふりかけ

赤じそを干し、すり鉢やフードプロセッサーで細かくする。瓶に入れて常温で保存する。

うちの梅干し作り

毎年梅が届いてから、その年の梅とのつきあいが始まります。

重しのかけ方も、梅の干し方も毎年違います。梅干し作りには終りはなく、毎年、何か疑問を残し、来年に持ち越し、一年を待ってまた工夫して漬ける、というこの繰返しが楽しく、梅干し作りをやめられません。

祖母から母へと受け継がれた梅干し作りを、子どもへと伝え続けたいと願いつつ、手作りの味をこれからも大切にしていきたいと思っています。時代とともに作り方が違えども、味の記憶は不思議なもので、忘れることはない一生の宝だと思っています。

櫻井晶子

たくあん

ぽりぽり、かりかりのしっかりした歯ごたえと、発酵してなれた味わいは自家製ならでは。

たくあん用の干し大根は、冬の初めに市場に出てきます。私が子どものころは、たくあんにする大根を２～３週間寒風と日に当てるため、家のベランダの手すりに朝干して夕方取り込み、ござをかぶせるのが私の役目でした。大根が楽に半分に曲がるようになればころあいです。塩、ぬか、こうじ、そして重しが大事な役割を果たします。おいしいたくあんを食べるには、自分で漬けるのが一番です。

たくあん

11月に漬けて、遅くても3月末には食べきります。ぬかのいい香りがして。

たくあん

● 材料(作りやすい分量)

たくあん用の干し大根　10kg(35本前後)
　(楽に半分に折れ曲がるまで干したもの)
干葉(干した大根の葉の部分)　適量
塩　大根の重さの４％(400g)
ぬか　２kg弱
こうじ　250g
赤とうがらし　てのひらいっぱい
ざらめ　ひとにぎり

● 容器はほうろうなど塩に強いものを用意する。10kgを漬けるには容量15ℓが必要。
重しは、５kgのものを３個使用。中蓋は木製の、容器の直径に合ったものを。

● 作り方

1　容器の底にぬかと塩をふり、干し大根をきちんとすきまなく並べる(ビニールをかぶせて、上から足で踏むときっちりと入る)。すきまを作らないことが大切。高低差もできるだけないように、大根を組み合わせていく。

2　塩、ぬか、こうじ、赤とうがらし、ざらめを均等にふりまく。これを１段ずつ大根がなくなるまで繰り返す。

3　全部並べ終わったら上に干葉を適量かぶせ、上からしっかり押さえる。

4　中蓋をかぶせて重しをする。重しが傾かないように注意する。虫が入らないようにきちんとおおいをして、涼しい日陰に置き、１か月ほどたてばいただける。

● ４日しても水が上がらないときは(大根が干しすぎだと水が上がりにくい)、４〜５％の塩水を煮立てて冷ましたものを、中蓋を取って大根にかぶるくらいまで注ぎ、再び中蓋と重しをしておく。

● 暖かくなる前に食べきるとよいが、５、６月までおくときは30kgの重しをする。暖かいときは特に虫に注意する。

かくや

手作りたくあんがなければ味わえない、夏のおかず。食欲のないときでもこれならおなかにおさまります。

●材料（2人分）

たくあん　6〜7cm　　きゅうり　1本
みょうが　1〜2個　　しょうが　1かけ
青じそ　10枚

●作り方

1　材料はすべて2〜3cm長さのできるだけ細いせん切りにして、氷水に全部一緒に1〜2分つける。

2　しっかり絞って器に盛りつける。

●しょうがだけはすりおろし、食べるときにしぼり汁をかけてもよい。また、あればすだちをしぼってもさっぱりとしておいしい。

干葉《ひば》の漬物納豆あえ

たくあんの大根葉を納豆であえます。大根の干葉がこんなにおいしかったとは、と再認識。別名「頭巾はずし」は、あまりのおいしさに弘法大師が頭巾を取って食べたと言い伝えられる、会津の郷土料理です。

●材料（2人分）

たくあん漬けの大根葉（みじん切り）　1カップ
納豆　2パック
たくあん漬けの赤とうがらし（小口切り）　1〜2本
しょうゆ（または塩）　少々

●作り方

納豆をよく混ぜて粘りを出し、たくあんの大根葉、赤とうがらしを加えて混ぜ、しょうゆで味を調える。

たくあんと黒ごまの混ぜご飯

たくあんと黒ごまの混ぜご飯

ご飯にたくあんと黒ごまを混ぜた簡単混ぜご飯。ひなびた味ですが、黒ごま、木の芽と合わせると、見た目も美しく、香りもよいです。

材料（３～４人分）

米　２カップ
たくあん　10～15cm
黒いりごま　大さじ４
木の芽　適量

作り方

1　米はふつうの水加減で炊く。
2　たくあんはみじん切りにする。木の芽は細かく刻む。
3　炊きたてのご飯に、2と黒ごまを切るようにして混ぜる。

古漬けたくあんのごま油炒め

毎年夏前には、たくあんを全部引き上げ、いつもこれを作って、長い間古漬けの発酵味を楽しみます。冷蔵庫で２か月ほど保存できます。

材料（作りやすい分量）

古漬けたくあん　½本
ごま油　大さじ２～３
酒　大さじ２
しょうゆ　大さじ½～1

作り方

1　たくあんは洗って水気を拭き、薄切りにする。
2　フライパンにごま油を熱して、たくあんを少し色づくまで炒める。
3　酒をふり、しょうゆを加えて、水分がなくなるまで炒める。

古漬けたくあんのごま油炒め

ラルド

イタリア風豚脂身の塩漬けをご紹介しましょう。

大理石の産地コロンナータのラルドはことのほか美味。大理石を掘り出した穴の中で、風呂桶のような大理石の箱に豚の脂身と粗塩を入れ、大理石で重しの蓋をして長期漬けたものと聞き、小さく作って冷蔵庫に入れておけば、うちでも作れると思い立ちました。少し肉もついているおいしい豚の脂身を手に入れ、粗塩にローズマリーを混ぜて漬けるのが私風です。

ラルド

できるだけ薄く切って軽くあぶったり、細かく刻んでパスタの具に。こっくりした赤ワインが飲みたくなります。

ラルド

材料（作りやすい分量）

上質な豚の脂身（少し赤身があるもの）　1kg
粗塩　1kg
ローズマリー　大枝1～2本

作り方

1　粗塩にローズマリーの葉を枝からはずして混ぜる。

2　保存容器の底に**1**の塩を1cmほど敷き、脂身をのせてまわりに塩を詰める。上にも塩をたっぷりのせ、重しが均等にかかるように平らな板をのせ、3kgくらいの重しをして3か月ほど、冷蔵庫に入れておく。

でき上がったら塩をきれいに落とし、保存袋に入れて冷蔵庫で保存し、1か月ほどで食べきるようにする。

ラルドのブルスケッタ

ラルドは塩を洗い落として水気を拭き、ごく薄く切ります。熱したフライパンか焼き網でさっとあぶり、焼いてにんにくをこすりつけたバゲットにのせていただきます。

にしん漬け

父の故郷、会津若松の郷土料理です。

その昔、山に囲まれた盆地では生魚は入手できず、魚といえば干物だったとのこと。会津の銘酒と干し魚のすばらしい出会いです。家庭によって少し甘くしたり、酢を入れたり、漬け方が異なりますが、酒造でもある父方の家では、お酒だけをなみなみと注いで山椒の葉もごっそり入れて作ったとか。私もそれにならって、特級のお酒をたっぷりと使います。1年以上たったものは、格別の酒肴です。

にしん漬け

● 材料(作りやすい分量)

身欠きにしん(かたいもの)　３本

山椒の地芽(実のついた大きい葉)
　てのひらに２杯分ほどたっぷり

日本酒(辛口)　適量

● 作り方

1　身欠きにしんは４cm長さに切る。

2　ほうろうなどの保存容器に、身欠きにしんと山椒の地芽を交互に重ねて入れ、日本酒をかぶるほど注ぐ。

3　山椒が浮かないように重しをして、３か月以上冷蔵庫で漬ける。

有元葉子 ありもと・ようこ

料理研究家。雑誌編集者を経て家庭を持ち、料理のおもしろさに目覚める。料理は掛け値なくおいしく、材料、調理法は極力シンプルであることをモットーに、食の安全や環境への配慮も重視した食生活の提案を様々な形で続けている。キッチン道具も「ないものは作る」をコンセプトに、使い手の立場に立った新製品の開発に力を注いでいる。著書に『干し野菜のすすめ』『有元葉子の無水鍋料理』『だしとスープがあれば』『有元葉子のマリネがあれば』『無水鍋で料理する』『はじめが肝心 有元葉子の「下ごしらえ」』（いずれも文化出版局）など。

ブックデザイン　若山嘉代子 L'ESPACE
撮影　竹内章雄
　　　中本浩平（PAGE 72〜79）
校閲　田村容子（文化出版局）
編集　加古明子（文化出版局）

容器協力
PAGE 6 角バット（ラバーゼ製）
shop281　〒158-0085　東京都世田谷区玉川田園調布2-8-1 KEYAKI GARDEN 1F
tel. 03-3722-7279　ほか、デパート、インターネットなどで販売。
PAGE 43、67 耐熱ガラス容器
ボダム ジャパン　〒150-0001　東京都渋谷区神宮前3-25-12 4F
tel. 03-5775-0681（代表）
PAGE 49 ぬか漬け容器（ロック&ロック製）
全国の大手ホームセンター、量販店で販売。
PAGE 87 ほうろう容器
野田琺瑯　〒136-0073　東京都江東区北砂3-22-22
tel. 03-3640-5511

有元葉子 うちのおつけもの

発行　2011年11月27日　第1刷
　　　2019年12月16日　第8刷
著　者　有元葉子
発行者　濱田勝宏
発行所　学校法人文化学園 文化出版局
　　　　〒151-8524 東京都渋谷区代々木3-22-1
　　　　電話 03-3299-2565（編集）
　　　　　　 03-3299-2540（営業）
印刷・製本所　凸版印刷株式会社

文化出版局のホームページ　http://books.bunka.ac.jp/